NATIONAL GEOGRAPHIC KiDS

자연 다큐 백과
암석과 광물

차례

소개합니다! 6

❶ 지구를 이루는 암석과 광물   8
암석이 뭐예요? 광물은 뭐예요? 10
암석으로 만든 도구와 건축물 12
보석이 광물이라고요? 14
중요한 자원이 되는 쓸모 있는 암석 16
생생한 자연 관찰 우리 주변의 암석과 광물 18

❷ 암석의 탄생과 변신   20
마그마가 굳어서 생긴 암석 22
열과 압력을 받아 변신한 암석 24
퇴적물이 쌓여 만들어진 암석 26
끊임없이 돌고 도는 암석 28
찰칵! 암석과 광물 사진전 지구의 예술 작품 30

❸ 보석처럼 빛나는 광물의 세계   32
광물마다 특별한 결정 모양이 있어요 34
광물을 구별해 주는 조흔색과 광택 36
광물의 단단한 정도와 부서지는 모양 38
개성 만점! 광물의 독특한 성질 40
자연의 힘 vs 사람의 힘 쓸모 많은 암석과 광물 42

❹ 흥미진진한 암석과 광물 정보   44
광물의 결정 만들기 46
꼭꼭 숨은 광물을 찾아다니는 사람들 48
행운을 주는 보석, 탄생석 50
암석에 남은 생물의 흔적, 화석 52
탐험가가 들려주는 뒷이야기 54

환경을 위협하는 막무가내 채굴 56
도전! 암석과 광물 박사 퀴즈를 풀며 용어를 익혀요 ...60
찾아보기 62

에티오피아의 다나킬함몰지*에 있는 온천 주변에는 땅이 둥근 모양을 이루고 있어요.

*함몰지: 주위가 높고 가운데가 낮은 땅.

탄자니아의 올도이뇨렝가이 화산에서 짙은 회색의 용암이 흘러내리고 있어요.

*용암: 땅속 깊은 곳에서 뜨거운 열을 받아 녹은 암석이 땅 위로 분출한 것.

소개합니다!

암석은 우리 주변 어디에나 있어요.

높은 산도, 해변의 작은 모래알도 암석에서 나온 거예요. 개울가의 조약돌, 계곡을 이루는 절벽도 암석이지요. 지구 표면에서 물과 흙을 제외하면 나머지는 모두 암석이에요. 기체로 이루어진 목성이나 토성과 달리 지구는 거의 암석으로 이루어져 있답니다.

사람의 손을 거치면 암석은 보석이 되기도 하고, 예술품이 되기도 해요. 옛날 사람들은 암석을 주로 생활에 필요한 물건과 무기를 만드는 데 사용했어요. 오늘날에는 암석에서 석유와 천연가스를 얻는 등 중요한 자원*으로 쓰고 있지요.

환상적인 색과 신기한 모양을 가진 멋진 암석도 있지만, 암석은 대부분 그냥 돌처럼 보여요. 하지만 평범해 보이는 암석 하나가 엄청난 이야기를 들려주기도 한답니다. 이 책을 다 읽고 나면, 암석을 연구하는 지질학자*가 되고 싶을지도 몰라요. 우리 함께 암석과 광물의 세계로 떠나 보아요!

*자원: 자연물 가운데 인간 생활에 도움이 되는 모든 것.
*지질학자: 지구의 구성 물질과 형성 과정, 과거에 살았던 생물 등을 연구하는 사람.

탐험가 인터뷰

안녕! 나는 카스틴 피터예요. '극한의 사진작가'라고 불러도 좋아요. 지난 30여 년 동안 지구의 가장 혹독한 환경에서 암석과 광물의 사진을 찍었지요. 내셔널지오그래픽에서 일하면서는 언제 끓어오를지 모르는 활화산의 경사를 재고, 깊은 동굴을 탐험했어요. 이 인터뷰에서는 그동안 내가 사진 속에 담은 신비한 자연의 이야기를 여러분과 나눠 보려 해요. 내 이야기를 듣고 여러분도 암석의 매력을 알게 되면 좋겠어요.

1 지구를 이루는 암석과 광물

미국 아치스 국립 공원에는 수천 년 동안 비와 바람이 깎아 만든 사암*이 있어요.

*사암: 모래가 뭉쳐서 단단히 굳어진 암석.

암석이 뭐예요?

규암은 유리를 만드는 재료인 석영으로 이루어져 있어요.

암석은 자연이 만든 단단한 물질*이에요.

주로 광물로 이루어져 있지요. 하나의 광물로 된 암석도 있지만, 대부분 여러 종류의 광물이 섞여 있답니다. 암석은 만들어지는 과정에 따라 크게 화성암, 퇴적암, 변성암 세 종류로 구분해요. 각각의 종류에 대해서는 뒤에서 자세히 살펴봐요.

사람들은 암석을 그저 길가에 굴러다니는 돌멩이 정도로 여겨요. 하지만 암석은 우리 생활에 없어서는 안 될 만큼 아주 특별하고 소중하답니다.

*물질: 물체를 이루는 재료 혹은 물체의 본바탕.

오스트레일리아의 피너클스 사막에는 바람에 깎여 뾰족해진 석회암 기둥들이 1만 5000여 개나 있어요.

물속에서 만들어지는 석회암은 대부분 방해석이라는 광물로 이루어졌어요.

잠깐 상식! 모든 암석이 지구에서 만들어지는 건 아니에요. 운석*은 우주에서 생겨 지구로 떨어졌지요.

*운석: 우주에 떠다니는 암석이 땅에 떨어진 것.

화강암(왼쪽)과 역암(아래)은 여러 가지 광물로 이루어져 있어요. 바닷가에서 흔히 볼 수 있는 역암은 여러 종류의 암석이 섞여 굳어진 거예요.

광물은 뭐예요?

광물은 암석을 이루는 재료예요.

물, 흙, 돌처럼 생명이 없는 것들이 모여 단단하게 굳은 물질로, 원자*와 분자*가 규칙적으로 배열되어 있지요. 또 저마다 특별한 화학 원소*들로 묶여 있어 자기만의 결정* 모양을 가지고 있답니다. 오랫동안 과학자들은 4000여 종류의 광물을 발견했어요. 그중 우리가 흔히 보는 것은 100종류 정도지요. 대부분은 아주 희귀해서 보기 어려워요.

*원자: 물질을 이루는 가장 작은 알갱이. 눈에 보이지 않을 정도로 아주 작고 단단하다.
*분자: 보통 2개 이상의 원자가 결합한 알갱이.
*원소: 물질을 구성하는 가장 기본적인 성분. 산소, 수소, 철, 납 등이 있다.
*결정: 소금물이나 설탕물처럼 고체인 물질을 녹인 액체를 증발시키거나, 온도를 낮추면 만들어지는 특별한 모양의 고체.

광물이 들어 있지 않은 암석

석탄과 호박은 광물이 아니에요. 석탄은 식물이 오랜 시간 동안 압축되고 열을 받으며 굳어졌고, 호박은 나무의 수액이 오랜 시간 동안 굳어서 만들어졌지요. 둘 다 생물로 만들어졌기 때문에 광물이 될 수 없어요.

암석으로 만든 도구와 건축물

영국의 고대 유적* 스톤헨지예요. 'π'자 모양으로 쌓아 올린 거대한 암석이 줄지어 서 있지요.

*유적: 오래전 만들어진 건축물이나 역사적인 사건이 벌어졌던 곳.

탐험가 인터뷰

화산 근처에서 발견되는 흑요암은 아주 흥미로운 암석이에요. 한번은 이탈리아의 리파리섬에 갔을 때 흑요암으로 덮인 산길을 오르다가 깜짝 놀란 적이 있어요. 흑요암이 돌이 아니라 마치 유리처럼 보였기 때문이에요. 색깔도 검은색, 어두운 녹색, 붉은색이었고요. 흑요암을 깨뜨리면 가장자리가 면도날처럼 날카로워요. 그래서 아주 오랜 옛날 사람들은 리파리섬에서 흑요암을 모아 화살촉이나 창 같은 날카로운 도구를 만들어 이웃 지역에 팔았어요.

오랜 옛날부터 사람들은 암석으로 필요한 물건을 만들어 썼어요.

살아남기 위해 동물들과 싸우고 사냥하면서 암석으로 동물의 뼈를 부수고, 고기를 자르고, 가죽을 벗길 수 있다는 걸 알았지요. 처음에는 암석을 깎거나 깨뜨려 작은 도끼, 칼로 만들어 쓰다가, 나중에는 암석에 나무 손잡이를 달아 창, 낫, 도끼를 만들었어요.

한곳에 머물러 살면서는 튼튼한 건물을 짓는 데 암석이 꼭 필요한 재료라는 걸 알게 되었어요. 암석으로 지은 건물은 썩거나 불에 잘 타지 않고, 튼튼해서 고쳐 쓸 일도 적었지요. 사람들은 진흙과 점토를 틀에 넣은 뒤 햇빛에 말려서 벽돌이라는 인공 암석도 만들었어요. 벽돌은 이후로도 튼튼한 벽을 쌓는 좋은 재료가 되었답니다.

화살촉 같은 날카로운 도구들은 단단한 규암이나 날카로운 흑요암으로 만들었어요.

인도에 있는 타지마할은 궁전 모양의 묘지로, 세계에서 가장 아름다운 건축물로 꼽혀요. 흰색의 대리암으로 만들어졌지요. 2만 명이 넘는 일꾼이 22년에 걸쳐 지었답니다.

잠깐 상식! 이집트의 피라미드는 4500년도 더 전에 200만 개가 넘는 암석을 쌓아 올려 만든 왕족의 무덤이에요.

보석이나 금, 은과 같은 귀금속은 오랜 세월 동안 물건을 사고팔 때 쓰였어요. 사람들은 보석과 귀금속을 내고 음식, 동물, 심지어 땅까지 샀답니다.

잠깐 상식! 바닷물에는 2천만 톤*가량의 금이 녹아 있어요. 하지만 사람이 얻을 수는 없지요.

*1톤=1000킬로그램.

보석이 광물이라고요?

보석은 특별한 성질을 가진 아주 매력적인 광물이에요.
빛을 반사하고 휘어지게 하는 결정으로 이루어져서 밝게 빛나지요. 화려하게 빛나는 다이아몬드는 가장 인기 많은 보석이에요. 에메랄드와 사파이어는 색이 아름답기로 유명하고요. 보석은 대부분 희귀해서 가치가 아주 높아요. 그래서 사람들은 귀하게 여기는 물건을 장식할 때 보석을 사용했답니다.

금, 은, 백금 같은 금속 역시 아주 귀했어요. 그 자체로 아름다울 뿐만 아니라 새로운 모양으로 만들기도 좋았어요. 금속들은 보통 자연에서 발견되는데, 주로 암석 속에 얇은 층을 이루고 있는 경우가 많아요.

장신구를 만들 때 화려함을 더하기 위해 터키석 같은 보석을 조각내서 장식하기도 했어요.

금은 녹여서 팔찌나 목걸이 등 장신구를 만들 때 많이 쓰였어요.

금과 보석으로 왕이나 귀족을 위한 술잔을 만들기도 했어요. 이 술잔은 러시아 발전에 큰 공을 세운 표트르 대제를 위해 만든 거예요.

중요한 자원이 되는 쓸모 있는 암석

미국에 있는 케니코트 구리 광산*은 땅속이 아닌 땅 위에서 광물을 캐요.

*광산: 인간 생활에 도움이 되는 금, 은, 철 등의 광물을 캐내는 곳.

암석은 아주 중요한 자원이에요.

철, 구리, 알루미늄같이 우리가 사용하는 대부분의 금속은 땅속 암석에서 캐낸 것이지요. 석탄, 석유, 천연가스 같은 화석 연료*도 암석에서 나와요. 화석 연료는 집을 따뜻하게 하고, 자동차, 비행기, 기차를 움직이며, 전기를 만드는 데 사용된답니다. 암석이 없다면 우리는 일상생활을 할 수 없을 거예요.

*화석 연료: 먼 옛날 생물이 땅속에 묻히고 화석처럼 굳어져 만들어진 자원.

잠깐 상식! 다이아몬드에 763도의 열을 가하면 연기가 되어 날아가요.

은
보물, 그릇, 장신구, 돈을 만드는 데 사용해요. 은이 많이 나는 나라는 다음과 같아요.

페루
멕시코
중국
오스트레일리아
볼리비아
러시아
칠레
미국
폴란드
카자흐스탄

생생한 자연 관찰
우리 주변의 암석과 광물

우리가 자주 사용하는 물건이나 시설 중에는 암석과 광물로 이루어진 것들이 많아요.
거리에 있는 카페 주변을 함께 둘러볼까요?

창문의 유리는 규사로 만들어요. 석영 알갱이로 이루어진 흰 모래지요.

칠판은 납작한 판 모양의 암석인 점판암으로 만들어요.

메뉴판을 만들 때 쓰는 반짝이는 종이에는 아주아주 작은 광물 알갱이가 들어 있어요.

사람이 다니는 보도는 암석을 판처럼 넓게 잘라서 깔았어요.

장신구는 주로 금이나 은 같은 금속으로 만들어요.

야외 탁자나 의자는 주로 보크사이트에서 얻은 알루미늄으로 만들었어요.

2 암석의 탄생과 변신

하와이섬의 킬라우에아 화산에서 뜨거운 용암이 바다로 흘러가고 있어요. 용암이 식으면 새로운 암석과 땅이 생겨나요.

마그마가 굳어서 생긴 암석

화성암은 뜨거운 마그마가 식으면서 굳어진 암석이에요.

땅속 깊은 곳에서 암석이 녹은 것을 '마그마', 마그마가 땅 위로 분출된 것을 '용암'이라고 해요. 화성암은 마그마가 땅속에서 또는 땅 위로 분출되어 굳어진 것이지요.

화성암은 크게 화산암과 심성암으로 나누어요. 화산암은 땅 위로 분출된 마그마, 즉 용암이 비교적 빠르게 식으면서 만들어진 암석이에요. 빠르게 식어서 결정이 작은 편이지요. 대표적인 화산암으로는 흑요암, 안산암, 현무암, 부암 등이 있어요. 땅속 깊은 곳에서 마그마가 굳으면 심성암이 되어요. 땅속에서 비교적 천천히 식으면 큰 결정이 만들어져요. 대표적인 심성암으로는 화강암, 화강반암, 섬록암, 반려암 등이 있답니다.

흑요암(화산암)
마그마가 너무 빠르게 식어서 결정이 만들어지지 못한 화산암이에요. 유리처럼 보여요.

안산암(화산암)
땅 위로 나온 마그마가 천천히 식어 결정이 만들어졌어요. 결이 곱고 단단해요.

부암(화산암)
가스를 많이 포함하는 마그마가 빠르게 식어서 만들어졌어요. 물에 뜰 정도로 가벼워요.

화강반암(심성암)
석영과 장석 등으로 이루어져 결정이 커요. 밝은색과 어두운색이 함께 있어 얼룩덜룩해 보여요.

반려암(심성암)
철과 마그네슘이 풍부한 마그마에서 만들어졌어요. 표면이 거칠고 어두운색을 띠어요.

위 사진은 가는 실처럼 보이지만 **화산암**이에요. 하와이 신화 속 불과 화산의 여신인 **'펠레의 머리카락'**이라고도 불려요.

잠깐 상식! 부암에 있는 수많은 구멍은 마그마가 공기 중으로 나올 때 마그마에 있던 가스가 빠져나오면서 생긴 거예요.

이탈리아 시칠리아섬의 에트나산에서 뜨거운 용암이 강처럼 흘러내리고 있어요.

화산재를 조심해요

용암이 나오면서 화산재 구름을 뿜어내는 화산도 있어요. 화산재는 작은 암석 알갱이들로 이루어져 있는데, 비행기 엔진에 들어가면 큰 문제를 일으키지요. 거대한 화산재 구름은 햇빛을 막아서 지구 표면의 온도를 낮추어요.

2010년에 아이슬란드의 에이야프얄라요쿨 화산이 분화*하면서 하늘이 화산재로 뒤덮였어요.

*분화: 화산 가스, 마그마 등이 지구 내부에서 표면으로 나오는 현상.

대서양에 있는 사우스조지아섬에서는 물결치듯 휘어진 무늬의 암석을 볼 수 있어요.

조각조각 퍼즐처럼 나누어진 땅

지구의 가장 바깥쪽, 우리가 발을 딛고 있는 단단한 땅을 '지각'이라고 해요. 지각은 하나가 아닌 크고 작은 여러 개의 조각으로 나뉘어 있답니다. 이 조각들을 '판'이라고 하는데 지각부터 지구 안쪽으로 100킬로미터쯤 되는 영역에 해당해요. 이 판들은 지금도 계속 움직이고 있지요. 판끼리 서로 부딪히면 산이 솟아나거나 변성암이 만들어져요.

열과 압력을 받아 변신한 암석

편암
운모, 석영 등이 열과 압력을 받아 만들어진 변성암이에요. 얇은 판이 겹겹이 쌓인 것처럼 보여요.

편마암
강한 열과 압력을 받아 줄무늬가 생겼어요. 무늬가 휘거나 접힌 곳도 있어요.

대리암
석회암이 열과 압력을 받아 변한 암석이에요. 대체로 흰색이지만 다른 색 줄무늬가 있기도 해요.

점판암
진흙처럼 고운 알갱이들로 이루어진 이암이 변한 암석이에요. 쉽게 쪼개져요.

변성암은 원래 암석이 열과 압력을 받아 완전히 다른 암석으로 바뀐 거예요.

지구의 겉면은 지각과 그 아래의 판으로 둘러싸여 있어요. 판이 움직이면서 판과 판이 부딪히면 큰 압력을 받아요. 이때 단단했던 암석층이 꼬이거나 휘어지기도 하고, 성질이 완전히 다른 새로운 암석으로 변하기도 하지요.
변성암은 대부분 땅속 깊은 곳에서 만들어져요. 오랜 세월 동안 바람과 물에 땅이 깎이면 비로소 그 모습을 드러내지요. 편암, 편마암, 점판암은 대표적인 변성암이에요. 건물을 지을 때나 비석*, 조각 작품을 만들 때 많이 쓰는 대리암도 변성암에 속한답니다.

*비석: 죽은 사람의 삶을 잊지 않고 다음 세대 사람들에게 전하기 위해 문장을 새겨 넣은 돌.

지구의 구조
지구는 여러 개의 공이 겹겹이 둘러싼 구조로 되어 있어요. 중심부터 고체*로 된 내핵, 액체로 된 외핵, 매우 단단한 암석층인 맨틀, 맨 바깥쪽인 지각으로 이루어져 있지요.

*고체: 그릇에 따라 모양과 크기가 변하지 않는 물질의 상태. 흐르는 성질이 있고 담는 그릇에 따라 모양이 변하는 상태를 '액체'라고 한다.

잠깐 상식! 1912년, 독일의 지질학자 알프레드 베게너는 지구의 여러 대륙*들이 움직이고 있다고 발표했어요.

*대륙: 크고 넓은 면적의 육지. 아시아, 유럽, 북아메리카, 남아메리카, 아프리카, 오스트레일리아, 남극이 있다.

퇴적물이 쌓여 만들어진 암석

퇴적암은 퇴적물이 쌓이고 굳어서 만들어진 암석이에요.

퇴적물은 어떻게 만들어질까요? 오랜 세월 동안 바람과 물 등에 깎인 암석 알갱이들이 땅이나 호수, 바다 밑바닥에 쌓여 만들어지지요. 퇴적물은 알갱이가 큰 순서대로 자갈, 모래, 실트*, 점토 등으로 나누어요.

퇴적물이 쌓이고 오랜 시간이 흐르면 점점 뭉치고 단단해져 퇴적암이 되어요. 퇴적암은 주로 지구 표면이나 깊지 않은 땅속에서 만들어지기 때문에 변성암과는 성격이 다르답니다. 퇴적암에는 역암, 사암, 이암* 등이 있어요.

물이 증발하면서 만들어지는 퇴적암도 있어요. 이를 '증발암'이라고 하지요. 물이 증발하면 물속에 남아 있던 광물이 굳어 증발암이 되어요. 암염과 석고암이 대표적인 예랍니다.

미국의 그랜드 캐니언은 수천 년 동안 햇빛, 공기, 물, 생물들에 의해 깎이고 부서지면서 만들어진 **깊은 골짜기**예요.

역암
주로 자갈, 모래 등으로 이루어진 퇴적암이에요. 자갈이 많아 알갱이가 커요.

사암
모래가 뭉쳐서 단단하게 굳어진 암석이에요.

암염
소금물이 천천히 증발하면서 만들어져요.

석고암
호수나 동굴에서 칼슘과 황이 풍부한 물이 증발하면서 생겨요.

석회암
바닷물에 생물의 뼈나 껍데기가 녹았다 쌓이면서 만들어져요.

*실트: 퇴적물 가운데 알갱이가 모래와 점토의 중간 크기인 것.   *이암: 미세한 진흙이 쌓여 단단하게 굳어진 암석.

미국 그랜드 캐니언을 이룬 사암은 다양한 색의 줄무늬가 있어요. 층마다 다른 광물이 쌓여서 만들어졌기 때문이에요.

잠깐 상식! 지질학자들에게 그랜드 캐니언의 암석층은 지구의 역사책과 같아요.

끊임없이 돌고 도는 암석

지구가 처음 생겼을 때 만들어진 암석을 오늘날 발견하기란 아주 어려워요.

지구의 지질 작용* 때문에 한 암석이 다른 암석으로 계속 변하기 때문이에요. 지금까지 발견된 가장 오래된 암석은 약 42억 8000만 년 전 암석이에요. 지구가 태어난 46억 년 전보다 훨씬 이후의 암석이지요. 지구에서 암석이 어떻게 변하고 새로 생기는지 살펴볼까요?

*지질 작용: 지각의 변화를 일으키는 작용.

침식과 퇴적
바람, 비, 얼음이 암석을 부수고 쪼개면, 부서진 조각들이 물에 실려 아래로 떠내려오다 호수나 바다에 쌓여 **퇴적**되어요.

암석화 작용
성글게 쌓였던 퇴적물이 뭉치고 단단해지면서 새로운 **퇴적암**이 만들어져요.

증발
바닷물이나 염분이 많은 호수의 물이 증발하면 물속에 남아 있던 광물이 굳어 **증발암**이 만들어져요.

잠깐 상식! 우리나라에서 발견된 가장 오래된 암석은 약 25억 년에 만들어진 토날라이트예요. 심성암의 한 종류로 인천광역시 옹진군 이작도에 분포해 있어요.

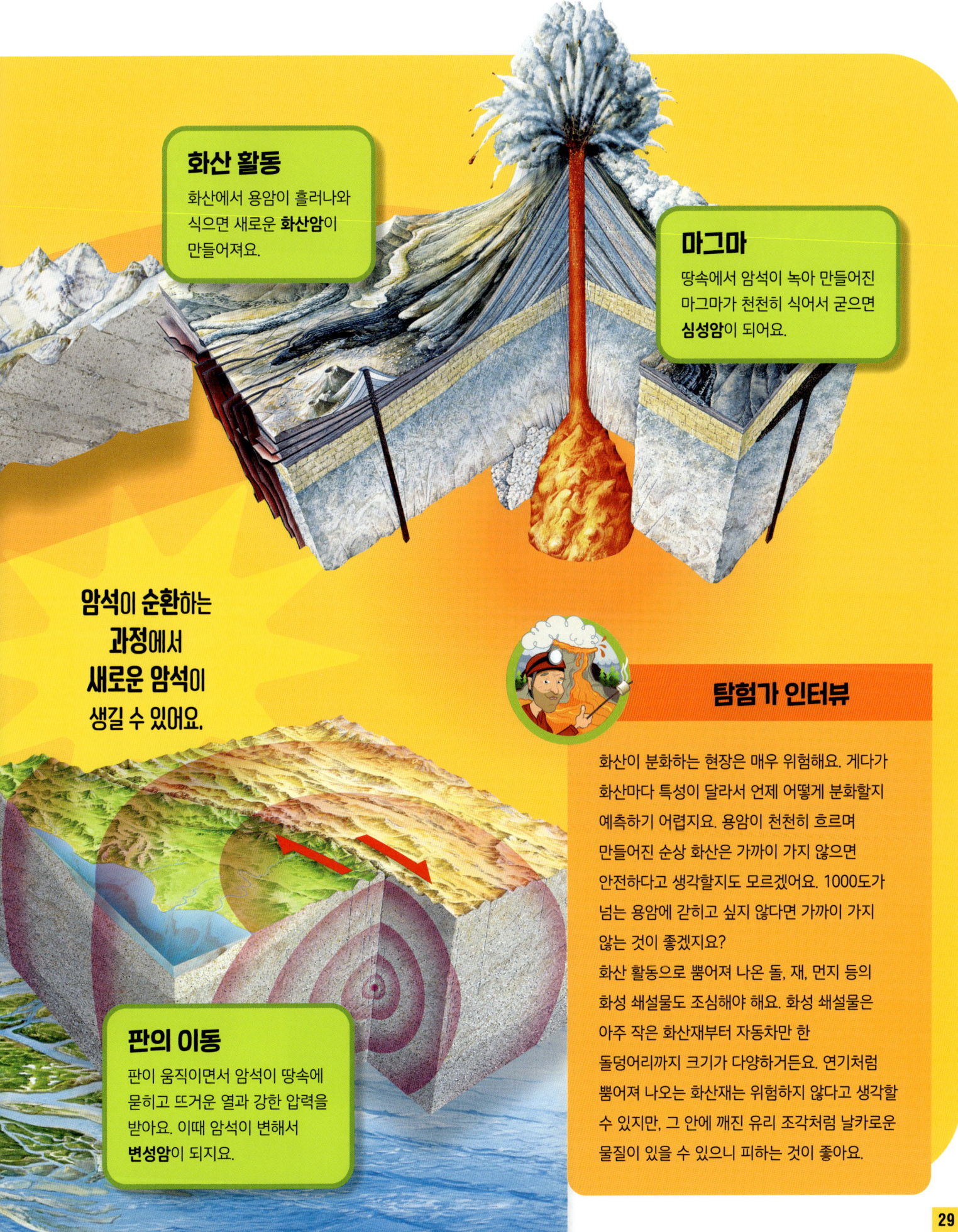

화산 활동
화산에서 용암이 흘러나와 식으면 새로운 **화산암**이 만들어져요.

마그마
땅속에서 암석이 녹아 만들어진 마그마가 천천히 식어서 굳으면 **심성암**이 되어요.

암석이 순환하는 과정에서 새로운 암석이 생길 수 있어요.

판의 이동
판이 움직이면서 암석이 땅속에 묻히고 뜨거운 열과 강한 압력을 받아요. 이때 암석이 변해서 **변성암**이 되지요.

탐험가 인터뷰

화산이 분화하는 현장은 매우 위험해요. 게다가 화산마다 특성이 달라서 언제 어떻게 분화할지 예측하기 어렵지요. 용암이 천천히 흐르며 만들어진 순상 화산은 가까이 가지 않으면 안전하다고 생각할지도 모르겠어요. 1000도가 넘는 용암에 갇히고 싶지 않다면 가까이 가지 않는 것이 좋겠지요?
화산 활동으로 뿜어져 나온 돌, 재, 먼지 등의 화성 쇄설물도 조심해야 해요. 화성 쇄설물은 아주 작은 화산재부터 자동차만 한 돌덩어리까지 크기가 다양하거든요. 연기처럼 뿜어져 나오는 화산재는 위험하지 않다고 생각할 수 있지만, 그 안에 깨진 유리 조각처럼 날카로운 물질이 있을 수 있으니 피하는 것이 좋아요.

찰칵! 암석과 광물 사진전
지구의 예술 작품

암석과 광물은 지구의 일기장 같아요. 오랜 세월 동안 지구가 어떻게 변해 왔는지 보여 주지요.

화강암
석영과 장석이 풍부한 심성암은 단단해서 건축물의 재료로 잘 쓰여요.

현무암
가장 흔한 화성암이에요. 우리나라는 제주도에서 많이 볼 수 있어요.

이암
진흙이 굳어서 생긴 결이 고운 퇴적암이에요. 멸종된 생물의 화석이 발견되기도 해요.

사암
모래층이 단단하게 굳어서 만들어졌어요.

석고암
황과 칼슘이 녹아 있던 물이 증발하면서 생겨요.

편마암
엄청난 압력 때문에 줄무늬가 생긴 변성암이에요.

감람석
투명한 녹색, 황록색을 띠어요. 현무암, 감람암, 반려암 같은 어두운색의 화성암에 주로 들어 있는 광물이에요.

녹주석
투명하거나 녹색, 푸른색, 누런색 등을 띠는 기둥 모양의 광물이에요. 사진처럼 진한 녹색을 띠면 '에메랄드'라고 불려요.

전기석
외부로부터 힘을 받으면 표면에 전기가 생기는 광물이에요.

황과 소금 결정
에티오피아에 있는 달롤 화산의 분화구*는 황과 소금 결정 때문에 노란색을 띠어요.

*분화구: 땅속 마그마가 용암이나 화산 가스를 땅 위로 분출하는 구멍.

장석
유리처럼 빛이 나는 광물이에요.

방해석
석회암과 대리암을 이루는 주성분이에요. 결정 모양이 300가지가 넘을 정도로 다양해요.

천연 구리
화산 주변에서 만들어지는 무른 성질의 금속이에요.

형석
무르지만 결정이 아름다워 장신구 재료로 잘 쓰이는 광물이에요.

다이아몬드는 잘 다듬으면 아주 투명한 빛을 내요.

3 보석처럼 빛나는 광물의 세계

광물마다 특별한 결정 모양이 있어요

광물을 구별하는 가장 중요한 특징은 결정의 모양이에요.

이를 '결정 겉모양'이라고 해요. 암염을 쪼개면 상자 모양의 육면체* 결정이 보여요. 석영은 암염보다 조금 더 복잡한 육각기둥 모양의 결정을 만들지요. 석류석의 결정은 반듯한 단면을 12개 혹은 24개나 가진 더 복잡한 모양이에요. 결정이 만들어지려면 온도, 습도 등 환경 조건이 잘 맞아야 해요. 결정은 자라다가도 환경 조건이 변하면 잘 자라지 못하거나 아예 생기지 않거든요. 하지만 조건만 잘 맞으면 결정이 양쪽으로 자라기도 해요. 이를 '쌍둥이 결정'이라고 표현하지요.

*육면체: 상자처럼 6개의 면으로 둘러싸인 도형.
*육각기둥: 밑면이 육각형으로 된 기둥체.

지오드를 쪼개면 안쪽에 멋진 결정들이 들어 있어요.

십자석 결정은 동시에 두 방향으로 쌍둥이처럼 자라기도 해요.

붉은색의 계관석 결정은 프리즘*처럼 보여요.

녹연석은 언제나 윗면이 육각형인 기둥 모양의 결정이 생겨요.

*프리즘: 단면에 빛을 쬐어 빛이 나아가는 방향을 바꾸거나 빛을 가를 때 쓰는 물건.

석고는 아주 다양한 결정 겉모양이 생겨요. 이 사진은 '사막의 장미'라 불리는 석고 결정이에요.

잠깐 상식! 소금 결정은 대부분 작은 상자 같은 육면체 모양이에요.

오색 빛깔 석영

석영은 지구에서 가장 흔한 광물이면서 가장 다양한 색을 띠어요. 흰색, 검은색, 회색, 푸른색, 녹색, 노란색, 붉은색까지! 색이 없고 투명한 석영도 있지요. 결정면*이 뚜렷한 석영을 '수정'이라 하는데, 색깔에 따라 이름이 달라요. 보라색은 자수정, 황갈색은 황수정, 연붉은색은 홍수정, 흑갈색은 연수정이에요.

*결정면: 결정의 바깥쪽을 이루는 면.

광물을 구별해 주는 조흔색과 광택

광물은 다양한 색을 갖고 있어요.
어떤 광물은 모두 같은 색이고, 석영 같은 광물은 여러 색을 띠기도 하지요. 그래서 과학자들은 '조흔색'을 보고 광물을 구별해요. 조흔색은 광물을 조흔판*에 문질렀을 때 나타나는 광물 가루의 고유색이에요. 광물의 또 다른 중요한 성질은 '광택'이에요. 광물 표면에서 반사되는 빛의 느낌이지요. 황철석은 금속 광택이 나고, 석영은 유리 광택이 나요.

*조흔판: 광물의 조흔색을 보기 위해 사용하는 판. 액체나 기체가 스며들지 못하고 겉면에 광택이 나게 하는 유약을 바르지 않은 채 낮은 열에서 구운 도자기 판을 사용한다.

광물은 색이 아주 다양해서 색만 보고 구별할 수는 없어요.

초록색을 띠는 공작석이에요.

파란빛이 아름다운 남동석이에요.

황철석은 색이 황금이랑 비슷해서 '바보들의 금'이라고 불려요.

루비는 빨간색을 띠는 광물이에요.

잠깐 상식! 적철석은 눈으로 보았을 때 여러 가지 색을 띠지만, 조흔색은 항상 붉은색이에요.

광물의 단단한 정도와 부서지는 모양

광물은 저마다 무르고 단단한 정도가 달라요.
석고는 아주 부드러워서 손톱으로도 긁히는 반면, 석영은 철로 긁어도 긁히지 않아요. 이렇게 광물을 무엇인가로 긁어 보면 얼마나 단단한지 알 수 있어요. 이 단단한 정도를 '굳기'라고 한답니다. 지질학자들은 광물의 굳기를 표시하기 위해 모스 굳기계를 사용해요. 표준 광물 열 종류를 선택하여 단단한 정도에 따라 1~10단계로 분류한 것이지요.
광물은 부서지는 모양도 제각각이에요. 광물을 망치로 내리치듯 충격을 주었을 때 규칙적인 모양으로 갈라지는 것을 '쪼개짐'이라고 해요. 소금 덩어리는 작은 상자 모양의 육면체로, 운모 종류의 광물은 얇은 판 모양으로 쪼개져요. 반면, 일정한 규칙이 없이 유리처럼 산산조각 나는 것을 '깨짐'이라고 해요. 석영 같은 광물은 깨져요.

백운모는 얇은 판 모양으로 쪼개져요.

잠깐 상식! 옛날에는 백운모를 쪼개서 만든 판을 도자기를 굽는 가마의 창문으로 사용했어요.

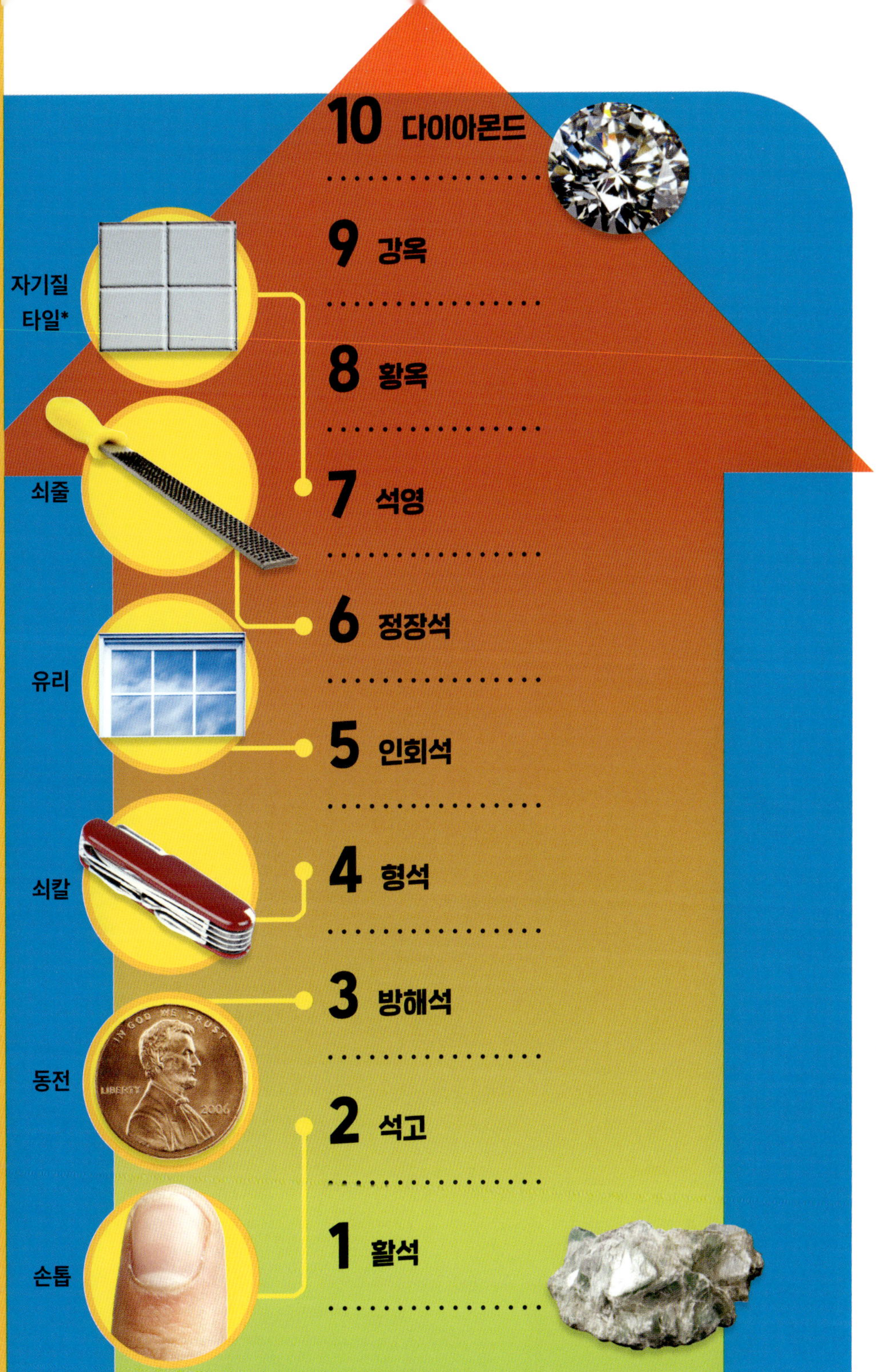

	10 다이아몬드
자기질 타일*	**9** 강옥
	8 황옥
쇠줄	**7** 석영
	6 정장석
유리	**5** 인회석
쇠칼	**4** 형석
	3 방해석
동전	**2** 석고
손톱	**1** 활석

모스 굳기계

1812년 독일의 광물학자 프레드릭 모스는 광물의 굳기에 따라 분류하는 방법을 만들었어요. 표준 광물 열 종류를 선택해서 가장 무른 것을 1, 가장 단단한 것을 10으로 하여 1에서 10까지 순위를 매겼지요. 굳기계 숫자가 큰 광물로 작은 광물을 긁을 수 있답니다.

*위 그림에서 왼쪽 사진의 물질로 사진이 가리키는 광물을 긁으면 긁힌다.

*자기질 타일: 점토 등을 물로 반죽해서 높은 온도로 구운 것. 바닥이나 외벽에 사용한다.

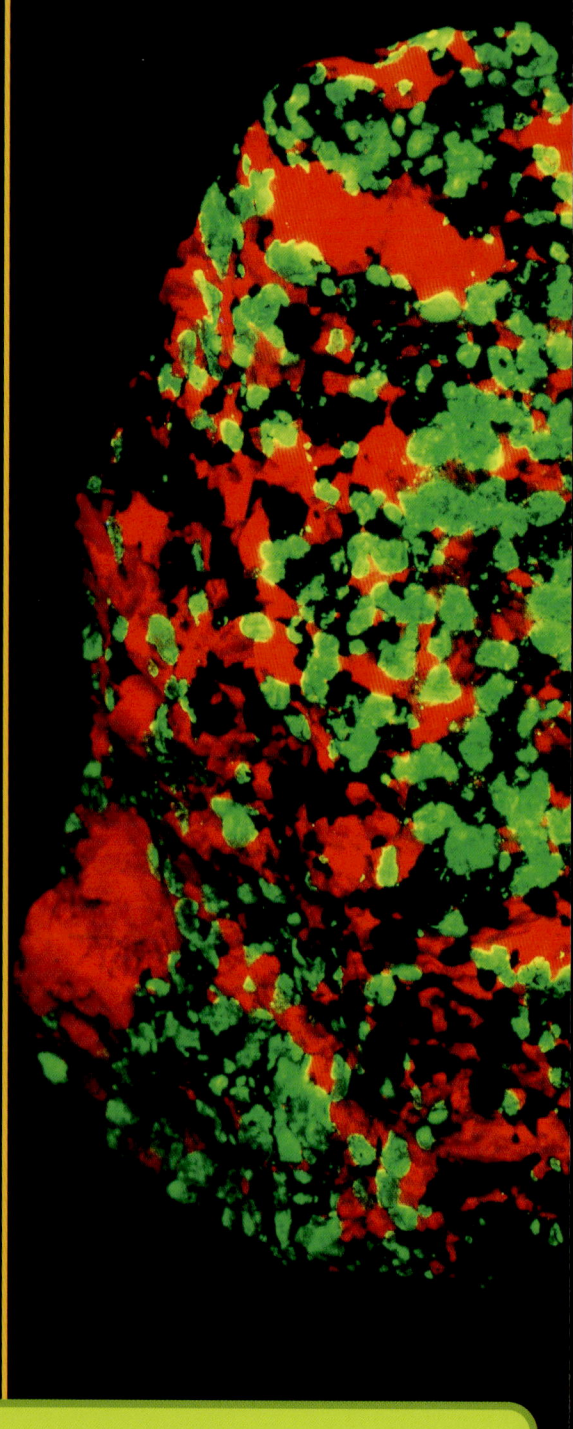

위에서 왼쪽과 오른쪽 사진은 같은 암석을 찍은 것이에요. 왼쪽에는 백색광*을, 오른쪽에는 자외선*을 쬐었어요.

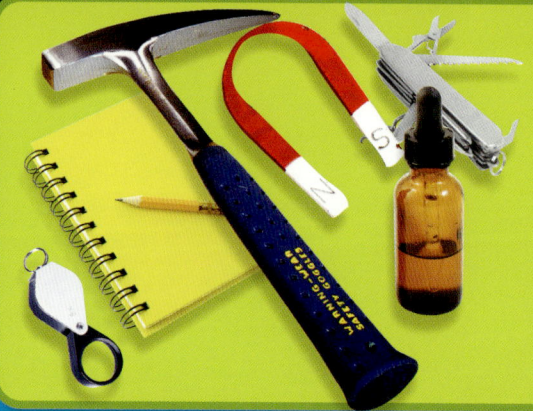

탐구에 필요한 도구

지질학자들은 암석에서 발견되는 광물을 구별하기 위해서 몇 가지 도구를 사용해요. 먼저 비바람에 깎여 나가지 않은 순수한 안쪽 면을 보기 위해 '지질 망치'로 암석을 부수어요. 그런 뒤 '돋보기'로 결정들을 자세히 관찰하지요. '칼'로 긁어 보면 굳기를 알 수 있고, '묽은 염산'과 '자석'을 사용하면 어떤 성분으로 이루어졌는지 알아낼 수 있답니다.

40 *백색광: 맑은 날 대낮의 햇빛처럼 눈에 희고 밝게 보이는 빛.   *자외선: 눈으로 볼 수 없는 빛으로, 사람의 피부를 태운다.

개성 만점! 광물의 독특한 성질

광물은 각각 다른 광물과 구별되는 특별한 성질이 있어요.
흑연은 무척 부드러워서 만지면 매끄러운 느낌이 나요. 황은 썩은 달걀 냄새가 나고, 암염은 소금처럼 짠맛이 나지요. 또 방해석은 묽은 염산을 만나면 부글부글 거품을 내며 녹고, 자철석은 자석에 붙어요. 보통 빛에서는 평범한 색이다가 자외선을 비추면 화려하게 빛나는 광물도 있어요. 이 성질은 '형광'이라고 해요.

'비중'도 광물의 중요한 성질 중 하나예요. 비중은 광물이 같은 양의 순수한 물에 비해 얼마나 무거운지 나타내는 값이지요. 광물은 대부분 물보다 2~5배 무거워요. 납 광물 중 하나인 방연석은 다른 광물보다 비중이 커요. 물보다 7.5배나 무겁답니다. 금도 비중이 큰 광물이어서 물보다 무려 15배나 더 무거워요.

자철석은 자석의 성질을 띠어요. 그래서 철을 끌어당기지요. 자연이 만들어 낸 천연 자석이랍니다.

탐험가 인터뷰

용암은 분출할 때 온도, 끈끈함, 분출 속도 같은 성질이 달라요. 예를 들어 파호이호이 용암은 시냇물처럼 부드럽고 빠르게 흘러요. 반면 아아 용암은 걸쭉해서 끈적한 꿀처럼 천천히 흐르지요. 두 용암은 식으면서 굳어지는 모양도 달라요. 파호이호이 용암은 일정한 방향으로 퍼지며 굳어요. 아아 용암은 표면이 거칠고 날카로운 모양으로 굳지요. 아아 용암이 굳으면 신발을 뚫고 들어올 정도로 날카로우니 늘 조심해야 해요. 하지만 어떤 종류의 용암이든지 분화구를 뚫고 나올 때에는 무지무지 뜨거워요. 한번은 화산을 촬영하러 갔다가 용암이 흘러 내려와 달아난 적도 있었어요. 이렇게 화산을 탐험하는 것은 무척 흥미롭지만 위험이 뒤따른답니다.

잠깐 상식! 방해석에는 탄산칼슘이 들어 있어서 묽은 염산을 떨어뜨리면 거품이 나요.

석회암에서 시멘트로

자연의 힘 vs 사람의 힘
쓸모 많은 암석과 광물

우리는 암석과 광물로 만든 다양한 것을 이용하고 있지만 정확하게 무엇으로 만들었는지 잘 알지 못해요. 우리가 쓰는 물건과는 전혀 다르게 생겼기 때문이지요. 자연의 암석과 광물을 가공하여 우리 생활에 이용하고 있는 예를 살펴보아요.

방해석은 석회암을 이루는 주요 광물이에요. 벽돌을 붙일 때 쓰는 시멘트는 석회암 가루로 만들어요.

종이처럼 얇은 금
금을 망치로 두드리면 얇게 펼 수 있어요. 0.00002센티미터보다 더 얇은 두께로 만들 수 있지요.

구리에서 배관으로

구리는 물이 흐르는 배관을 만드는 데 쓰여요.

석고에서 석고 보드로

석고를 가루로 만들어 석고 붕대나 석고 보드*에 써요.

철광석에서 고층 건물로

철광석의 한 종류인 적철석은 고층 건물을 짓는 데 꼭 필요한 원료예요.

암염에서 조미료로

자연 소금인 암염을 갈아서 음식에 뿌리면 맛있어요.

규사에서 유리병으로

규사는 유리병과 유리창을 만들 때 써요.

천연 황에서 불로

천연 황은 성냥의 중요한 재료예요.

*석고 보드: 구운 석고에 톱밥 등을 섞어 물로 반죽한 다음 종이에 끼운 판. 벽, 칸막이, 천장 등에 쓴다.

필리핀 보라카이섬의 화이트 비치에 멋진 모래성이 지어졌어요. 모래 놀이는 암석으로 할 수 있는 즐겁고 신나는 놀이예요.

4 흥미진진한 암석과 광물 정보

광물의 결정 만들기

보라색 자수정 결정은 액체가 증발하면서 천천히 자라나요.

광물의 결정은 광물이 녹아 있던 액체가 증발하면서 만들어져요.

아무리 특별한 모양의 결정이라도 만들어지는 원리는 같지요. 아래 간단한 실험을 따라 하며 직접 결정을 만들고 관찰해 보세요! 아무것도 없던 물속에서 결정이 자라는 모습이 마법 같아 보인답니다.

결정 비교 실험

두 종류의 용액*으로 결정을 만드는 실험이에요. 결정이 어떻게 자라는지 아래 순서에 따라 실험해 보아요.

*용액: 소금물이나 설탕물처럼 녹는 물질이 녹이는 물질에 골고루 섞여 있는 액체.

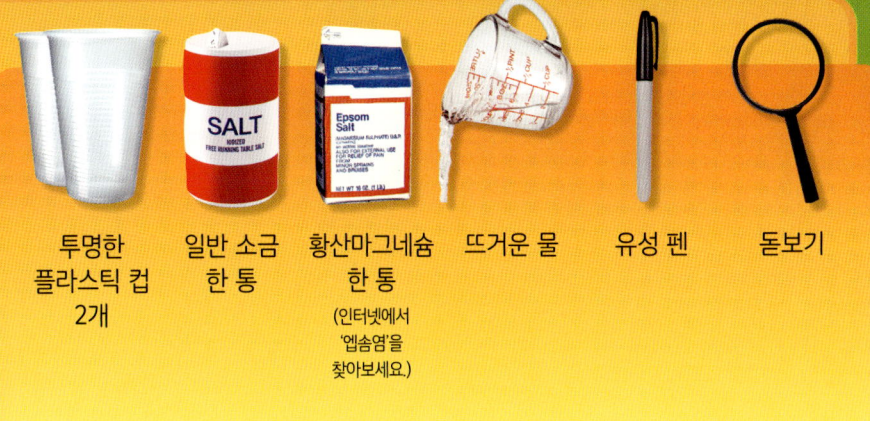

투명한 플라스틱 컵 2개 | 일반 소금 한 통 | 황산마그네슘 한 통 (인터넷에서 '엡솜염'을 찾아보세요.) | 뜨거운 물 | 유성 펜 | 돋보기

1 유성 펜으로 한 컵에 일반 소금, 다른 컵에 황산마그네슘이라고 써요. 두 컵에 뜨거운 물을 절반 정도 채워요.

2 소금 컵에 소금을 5~6찻숟가락 넣고 모두 녹여요. 다른 컵에는 황산마그네슘을 같은 양으로 넣고 녹여요.

3 두 컵을 안전한 곳에 두고 물이 완전히 마를 때까지 기다려요. 일주일 정도 걸려요.

4 물이 완전히 마르면 돋보기로 컵의 바닥에 생긴 결정들을 관찰해요.

소금의 결정은 작은 육면체 모양이고, 황산마그네슘 결정은 가늘고 길쭉한 삼각기둥 모양이에요. 소금과 황산마그네슘의 양을 달리하여 섞으면 어떤 모양의 결정이 만들어지는지도 실험해 보세요.

일반 소금

황산마그네슘

잠깐 상식! 황산마그네슘은 쓴맛이 나요. 설사를 멎게 하는 약을 만들 때 쓴답니다.

꼭꼭 숨은 광물을 찾아다니는 사람들

오래전부터 광물 자원을 찾으려는 노력은 계속되어 왔어요.

지질학자들이 과학적인 방법으로 광물이 묻힌 곳을 찾아내면, 광물을 개발하는 회사에서 본격적으로 캐내지요. 이처럼 광물을 찾는 일은 '탐광', 캐내는 일은 '채굴'이라고 해요.

금은 특정한 암석의 틈에서 발견되어요. 금이 가장 자주 발견되는 암석은 화성암이지요. 용암이 식을 때 무거운 금 성분이 가라앉아 모이기 때문이에요. 또 금은 물보다 훨씬 무겁고 비바람에 강해요. 그래서 암석에서 떨어져 나와도 개울이나 강 바닥에 남아 있어서 찾아낼 수 있어요. 이렇게 암석에서 떨어져 나온 비중이 큰 금속이 모래에 섞여 있는 곳을 '표사 광상'이라고 해요. 1849년 미국 캘리포니아에서 표사 광상이 발견되었을 때에는 많은 사람들이 금을 캐러 몰려들기도 했답니다.

금은 다른 광물들과 달리 변하지 않고 풍화*되지도 않아요.

물속에서 금을 찾아보아요

금을 캐고 싶다고요? 그렇다면 튼튼한 장화와 둥글고 얕은 금속 그릇을 들고 과거 화산 활동이 있었던 곳 근처의 개울로 향하세요. 그러고 나서 아래의 방법을 따라 해 보세요. 참, 금을 찾으려면 아주 큰 행운이 따라 주어야 한답니다.

1. 개울의 흐름이 꺾이는 곳에서 가라앉아 있는 모래와 흙을 그릇에 떠요.
2. 손목을 돌리면서 그릇을 이리저리 흔들어 가벼운 퇴적물이 물과 함께 그릇 밖으로 빠져나가게 해요. 금이 있다면 그릇 바닥에서 보이기 시작할 거예요.
3. 몇 번 반복한 다음 그릇에 남아 있는 퇴적물을 돋보기로 살펴보세요.

금 알갱이를 찾기는 아주 힘들어요. 대부분 돌 조각과 먼지만 나오지요. 하지만 행운이 따르는 어느 날 그릇 아래에 가라앉아 있는 금 알갱이를 발견할 수도 있어요.

금은 주로 다른 암석 사이에서 발견되어요.
사진 속 금은 규암 사이에서 발견된 거예요.

*풍화: 암석이 햇빛, 공기, 물, 생물에 의해 부서지고 분해되는 일.

잠깐 상식! 캘리포니아에서는 73킬로그램이나 되는 금덩어리가 발견되기도 했어요.

행운을 주는 보석, 탄생석

탄생석은 태어난 달과 연관된 보석이에요.

옛날 사람들은 탄생석을 몸에 지니면 행운이 온다고 믿었지요. 각 탄생석에 의미를 붙여 사람의 운명을 점치는 데 쓰기도 했어요. 아래 표를 보면서 각 달의 탄생석과 탄생석이 지닌 의미를 살펴보고, 나의 탄생석을 찾아보아요. 그리고 탄생석이 원래 어떤 암석이었는지 짝지어 보세요.

월	탄생석	의미
1	1월 석류석(가닛)	진실, 우정
2	2월 자수정	성실, 평화
3	3월 아쿠아마린	영원한 젊음, 행복
4	4월 다이아몬드	불멸, 사랑의 맹세
5	5월 에메랄드	행복, 행운
6	6월 월장석(문스톤)	건강
7	7월 루비	사랑, 평화
8	8월 감람석(페리도트)	화합, 지혜
9	9월 사파이어	건강, 성실
10	10월 분홍 전기석(투르말린)	희망
11	11월 황수정	충실함, 건강
12	12월 푸른 황옥(토파즈)	아름다움, 건강

암석과 보석 알맞게 연결하기

탄생석은 원래 어떤 모습일까요? 왼쪽에 나온 12개의 탄생석은 자르고 다듬어서 말끔하게 완성된 보석이고, 아래 암석은 보석이 되기 전 자연 그대로의 모습이에요. 완성된 보석과 원래 암석을 알맞게 짝지어 보세요.

A B G H

*시대와 민족에 따라 탄생석의 종류는 조금씩 다르다. 위 표는 1912년 미국보석세공협회에서 처음으로 탄생석을 표준화한 것이다.

암석에서 보석으로

암석은 울퉁불퉁하고 거친 표면을 가진 돌처럼 보여요. 암석이 보석이 되려면 자르고 다듬는 과정이 필요해요. 보석 세공사는 암석을 빛나는 보석으로 만드는 일을 해요.

보석 세공사가 보석을 정교하게 다듬고 있어요.

잠깐 상식! 한때 사람들은 에메랄드를 몸에 지니면 두통이 낫고, 심지어 설사병까지 낫는다고 믿었어요.

암석에 남은 생물의 흔적, 화석

먹이를 알아내요
고생물학자*는 동물 똥 화석인 분화석을 연구해서 멸종한 동물이 무엇을 먹었는지 알아내요.

암석에서는 화석이 많이 발견돼요.
화석은 먼 옛날 살아 있던 생물의 흔적이 땅속 퇴적물에 있는 거예요. 나뭇잎, 조개껍데기, 석탄이 된 나무, 곤충 등 여러 가지가 남아 있지요. 화석은 석회암, 이암, 사암과 같은 퇴적암에서 주로 발견돼요. 동물이 죽은 뒤 그 위에 퇴적물이 덮이면 뼈나 이빨처럼 단단한 부분이 화석이 되는 거예요. 딱딱한 식물의 씨앗도 많이 발견되지요. 무엇보다 가장 멋진 화석은 공룡의 뼈예요.

동물의 몸이나 식물의 일부만 화석이 되는 건 아니에요. 동물의 발자국, 동물이 살았던 굴처럼 활동했던 흔적이 화석으로 발견되기도 해요. 동물의 똥이 돌처럼 굳어진 것도 있답니다.

생김새를 알아내요
삼엽충 화석을 보면 5억여 년 전 바닷속에서 살던 생물이 어떻게 생겼는지 알 수 있어요.

 무늬가 있는 조개껍데기
 색깔 점토
 오일 스프레이
 석고 반죽 또는 회반죽*
 플라스틱 숟가락
 키친타월

나만의 화석 만들기
화석은 만들어지는 방법에 따라 여러 종류로 나누어요. 그중 가장 흔한 종류는 몰드와 캐스트예요. 화석은 껍데기나 뼈처럼 단단한 부분이 진흙에 묻힌 뒤에 돌처럼 굳어서 만들어져요. 그런 다음 묻혔던 물질이 녹아 없어지고 돌에 뚜렷한 흔적이 남는데, 이를 '몰드'라고 해요. 이때 물질이 없어진 빈자리에 새로운 물질이 채워져서 굳으면 원래의 것과 같은 모양의 '캐스트'가 생긴답니다. 위의 준비물을 챙긴 다음 오른쪽 페이지의 순서에 따라 몰드와 캐스트를 만들어 보세요.

*고생물학자: 주로 화석을 통하여 지질 시대에 살았던 생물을 연구하는 사람. *회반죽: 아직 굳지 않은 상태의 콘크리트.

크기와 빠르기를 알아내요

과학자들은 공룡 발자국을 보고 공룡 크기와 달리는 속도를 알아내요.

1 색깔 점토가 더 부드러워지게 여러 번 주무른 다음 납작하게 팬케이크처럼 눌러서 키친타월 위에 놓아요.

2 다른 키친타월에 조개껍데기를 뒤집어서 무늬가 있는 면이 보이도록 놓고, 오일 스프레이를 뿌려요. 오일 묻은 면을 점토에 눌렀다 떼면 **몰드**가 생겨요.

3 플라스틱 숟가락으로 **몰드**에 석고 반죽을 꼼꼼히 채워요. 그런 다음 안전한 곳에서 이틀 정도 말려요.

4 마른 석고 반죽을 점토에서 떼 내면 조개껍데기 **캐스트**가 완성돼요. 내가 만든 캐스트가 원래 조개껍데기와 얼마나 비슷한지 비교해 보아요.

잠깐 상식! 동물의 똥 화석은 동물이 살았던 환경이 어땠는지도 알려 줘요.

탐험가가 들려주는 뒷이야기

사진 속 공간은 멕시코 나이카 광산 아래에 있는 '크리스털 동굴'이에요.

2000년에 나이카 광산에서 은과 아연을 찾던 두 형제가 우연히 발견했지요. 동굴에는 사방으로 뻗어 있는 하얗고 거대한 결정들이 가득해요. 가장 큰 것은 무게가 50톤, 길이가 11.4미터나 된답니다. 작은 붉은색 벌레처럼 보이는 게 나와 우리 탐사 팀이에요.

크리스털 동굴을 탐사하는 일은 쉽지 않았어요. 동굴 아래로 약 1.6킬로미터 지점에 있는 마그마 방* 때문에 동굴 안 온도가 45도까지 올랐거든요. 높은 온도와 안정된 습도, 압력 등의 환경 때문에 결정들이 크게 자랄 수 있었지요.

뜨거운 동굴을 탐험하기 위해서는 특별한 준비가 필요해요. 먼저 체온이 심하게 오르는 것을 막기 위해 얼음 팩을 가득 넣은 조끼를 입어야 해요. 공기를 식혀 주는 호흡기도 써야 하고요. 다치지 않으려면 보호복, 헬멧, 특수 신발, 장갑도 착용해야 해요. 모든 장비를 착용하고 사진을 찍기란 정말 어려워요. 하지만 맨몸으로는 10분도 못 버티고 쓰러지고 말 거예요.

*마그마 방: 엄청난 양의 마그마가 땅속에 괴어 있는 것.

멕시코 크리스털 동굴의 거대한 석고 결정들 틈에서 탐사하는 사람들이 아주 작게 보여요.

환경을 위협하는 막무가내 채굴

'갱'은 광물을 캐내기 위해 땅속을 파서 만든 굴이에요.

그런데 안타깝게도 광물을 캐낼 때 위에 있던 암석이 무너져 내리거나, 굴을 제대로 환기*하지 않아서 쌓여 있던 가스가 폭발하는 등 위험천만한 일이 생기기도 해요.

폭발 사고가 나면 광부들과 주변에 사는 주민들의 생명이 위험해져요. 무사히 광물을 캐냈더라도 먼지와 유독 가스를 오랫동안 들이마신 광부들은 건강이 나빠지지요.

그래서 채굴 회사는 원하는 광물이 지표면 가까이에 있으면 땅속을 파는 대신 암석을 걷어 내고 땅 위에서 채굴해요. 이를 '노천 채굴'이라 하지요. 그런데 노천 채굴은 환경에 치명적인 영향을 끼쳐요. 노천 채굴을 하려면 산 전체를 깎아야 하는데, 이때 걷어 낸 흙이 주변의 하천, 강, 지하수를 오염시키지요. 이 흙이 빗물과 함께 넘치면 흙물이 계속 흐르거나 주변 지역에 홍수를 일으키기도 해요.

*환기: 탁한 공기를 맑은 공기로 바꾸는 것.

자원을 재활용하면 광물 채굴을 줄일 수 있어요. 사진 속 폐차는 재활용하여 새 자동차를 만들 거예요.

광물이 사라지고 있어요

광물이 만들어지는 속도보다 우리가 광물을 사용하는 속도가 더 빨라지면서 광물이 고갈*되고 있어요. 이제 우리는 새로운 광물을 찾아 계속 채굴하는 일을 줄이고, 다 쓴 제품에 포함된 광물을 다시 사용하는 방법을 찾아야 해요. 최근 다 쓴 배터리에서 다시 광물을 뽑아내 새 배터리를 만드는 기술이 발전하는 것처럼요. 미래 세대가 살아갈 날까지 자원이 잘 버틸 수 있도록 지금 가진 자원을 최대한 활용하도록 힘써야 한답니다.

*고갈: 어떤 일에 바탕이 되는 돈, 물건, 재료 등이 다하여 없어지는 일.

노천 채굴을 할 때는 거대한 기계로 산 전체를 깎아 버려요. 사진은 석탄을 캐내려고 굴착기로 지표면을 깎고 있는 모습이에요.

오스트레일리아에 있는 울루루는 '그늘이 지는 곳'이라는 뜻이에요. 원래 큰 산맥이었는데 오랫동안 깎이고 부서지면서 섬 모양의 커다란 사암이 되었지요.

도전! 암석과 광물 박사
퀴즈를 풀며 용어를 익혀요

여러분의 암석과 광물 지식을 확인할 시간! 다음 용어의 뜻을 잘 읽고 표시된 페이지로 가서 쓰임을 확인하세요. 이어지는 퀴즈까지 맞혔다면, 여러분을 암석과 광물 박사로 인정합니다!

1. 결정 겉모양
광물의 결정이 가진 특별한 모양 (34쪽)

결정 겉모양을 보고 할 수 있는 일은 무엇인가요?
a. 광물의 색깔 알기
b. 서로 다른 두 광물 구별하기
c. 땅속 광물 찾기
d. 광물의 단단한 정도 알기

2. 광택
광물의 표면에서 반사되는 빛의 느낌 (37쪽)

다음 중 금속 광택이 나는 광물은 무엇인가요?
a. 황철석
b. 다이아몬드
c. 루비
d. 석영

3. 굳기
광물의 단단한 정도 (38쪽)

모스 굳기계에서 가장 단단한 광물은 무엇인가요?
a. 다이아몬드
b. 활석
c. 석영
d. 방해석

4. 마그마
땅속 깊은 곳 암석이 녹아서 만들어진 아주 뜨거운 액체 (22쪽)

마그마가 땅 위로 분출된 것을 무엇이라고 하나요?
a. 깊은 마그마
b. 부암
c. 화산재
d. 용암

5. 변성암
땅속 깊은 곳에서 높은 열과 압력을 받아 다른 성질로 변한 암석 (25쪽)

다음 중 변성암이 <u>아닌</u> 것은 무엇인가요?
a. 편암
b. 석고암
c. 점판암
d. 대리암

6. 심성암
땅속에서 마그마가 천천히 굳으며 만들어진 암석 (22쪽)

다음 중 심성암이 <u>아닌</u> 것은 무엇인가요?
a. 화강암
b. 현무암
c. 섬록암
d. 반려암

7. 역암
자갈, 모래 등으로 이루어진 퇴적암 (26쪽)

역암을 이루는 퇴적물 중 가장 많은 양을 차지하는 것은 무엇인가요?
a. 자갈
b. 모래
c. 실트
d. 점토

8. 쪼개짐
광물에 충격을 주었을 때 규칙적인 모양으로 갈라지는 성질 (38쪽)

백운모를 망치로 때리면 어떤 모양으로 갈라지나요?
a. 얇은 판
b. 육면체
c. 세모 모양
d. 공 모양

9. 퇴적암
지표면에서 퇴적물이 쌓여 굳어지거나 광물을 포함한 물이 증발하여 만들어진 암석 (26쪽)

퇴적암의 특징으로 알맞은 것은 무엇인가요?
a. 날카롭고 뾰족하다.
b. 가는 실처럼 생겼다.
c. 층이 보인다.
d. a, b, c 모두

10. 형광
평범한 색의 광물에 자외선을 비추면 화려하게 빛나는 성질 (41쪽)

다음 중 형광에 대한 설명으로 알맞은 것은 무엇인가요?
a. 모든 광물이 가진 성질이다.
b. 광물을 구별하는 데 도움이 되지 않는다.
c. 광물을 구별하는 데 도움이 된다.
d. 같은 양의 물에 비해 얼마나 무거운지 나타낸다.

11. 화성암
땅속 깊은 곳에서 뜨거운 마그마가 식으면서 굳어진 암석 (22쪽)

석기 시대에 화살촉이나 날카로운 도구를 만들 때 주로 사용한 화성암은 무엇인가요?
a. 응회암
b. 흑요암
c. 부암
d. 반려암

정답 1-b, 2-a, 3-a, 4-d, 5-b, 6-b, 7-a, 8-a, 9-c, 10-c, 11-b

찾아보기

ㄱ
가닛 50
감람석 31, 50
감람암 31
강옥 39
강철 19
갱 56
결정 11, 15, 22, 31, 34, 47, 54
결정 겉모양 34
계관석 34
고갈 57
공작석 37
광산 16, 54
광택 37
구리 16, 19, 31, 43
귀금속 14
규암 10, 12
금 14, 17, 41, 42, 48
깨짐 38

ㄴ
남동석 37
납 16, 41
내핵 25
노천 채굴 56, 57
녹연석 34
녹주석 31

ㄷ
다이아몬드 15, 17, 32, 39, 50
대리암 13, 19, 25, 31
대륙 25
동광석 19

ㄹ
루비 37, 50
리파리섬 12

ㅁ
마그네슘 22
마그마 22, 29
마그마 방 54
맨틀 25
모스 굳기계 38, 39
몰드 52, 53
문스톤 50

ㅂ
반려암 22, 31
방연석 41
방해석 10, 31, 39, 41, 42
배터리 57
백금 15
백운모 38
벽돌 12, 19, 42
변성암 10, 25, 30
보석 7, 15, 17, 50, 51
보석 세공사 51
보크사이트 18
부암 22
분자 11
분화 23, 29
분화구 31, 41
분화석 52
비중 41, 48

ㅅ
사암 9, 19, 26, 30, 52, 58
사파이어 15, 50
삼엽충 52
석고 35, 39, 43, 52, 54
석고암 26, 30
석류석 34, 50
석영 10, 18, 22, 25, 30, 34, 36, 39, 48
석유 7, 16
석탄 11, 16, 17, 52, 57
석회암 10, 19, 25, 26, 31, 42, 52
섬록암 22
소금 17, 31, 35, 38, 41, 43, 47
수정 36, 37
순상 화산 29
스톤헨지 12
실트 26
심성암 22, 28, 29, 30
십자석 34

ㅇ
아아 용암 41
아연 54
아치스 국립 공원 9
아쿠아마린 50
안산암 22
알루미늄 16, 18
암석화 작용 28
암염 26, 34, 41, 43
에메랄드 15, 31, 50, 51
에트나산 23
역암 11, 26
연수정 36
온천 5
외핵 25
용암 6, 21, 22, 29, 31, 41, 48
운모 25, 38
운석 10
유적 12

원소 11
원자 11
월장석 50
은 14, 16, 18, 54
이암 25, 26, 30, 52
인회석 39

ㅈ
자석 40, 41
자수정 36, 46, 50
자외선 40
자원 7, 16, 48, 56, 57
자철석 41
장석 22, 30
장신구 15, 17, 18, 31
적철석 37, 43
전기석 31, 50
점토 12, 19, 26, 52, 53
점판암 18, 25
정장석 39
조흔색 37
조흔판 37
증발암 26, 28
지각 24, 25
지오드 34
지질 망치 40
진흙 12, 25, 30, 52
쪼개짐 38

ㅊ
채굴 48, 56, 57
천연가스 7, 16
철 16, 19, 22, 38, 41
철광석 17, 19, 43
침식 28

ㅋ
캐스트 52, 53
콘크리트 19
크리스털 동굴 54
킬라우에아 화산 21

ㅌ
타지마할 13
탄산칼슘 41
탄생석 50, 51
토파즈 50
퇴적물 26, 28, 48, 52
퇴적암 10, 26, 28, 30, 52

ㅍ
투르말린 50

파호이호이 용암 41
판 24
펠레의 머리카락 22
페리도트 50
편마암 25, 30
편암 25
표사 광상 48
풍화 48
피너클스 사막 10
피라미드 13

ㅎ
현무암 22, 30, 31
형광 41
형석 31, 39
호박 11
홍수정 36
화강암 11, 19, 22, 30
화산 23
화산암 12, 21, 22, 29, 31, 41, 48
화산재 23
화석 16, 30, 52
화성 쇄설물 29
화성암 10, 22, 30, 31, 48

활석 39
황 31, 41, 43
황산마그네슘 47
황수정 36, 50
황옥 39, 50
황철석 37
회반죽 52
흑연 41
흑요암 12, 22

사진 저작권

COVER, Mark Thiessen/ NationalGeographicStock.com; **BACK COVER (left),** Jorg Hackemann/ Shutterstock.com; **BACK COVER (right),** Chbec/ Pixabay; **BACK COVER (Bottom),** Zajcsik **1,** Chris Hill/ NationalGeographicStock.com; **2-3,** David Evans/ NationalGeographicStock.com; **5,** Carsten Peter/ NationalGeographicStock.com; **6,** Carsten Peter/ NationalGeographicStock.com; **7 (top),** Jason Tharp; **7 (bottom),** Carsten Peter/ NationalGeographicStock.com; **8-9,** Bruce Dale/ NationalGeographicStock.com; **10 (top, left),** Susan E. Degginger/ Alamy; **10 (bottom, left),** Image Source/ Corbis; **10, (background),** paterne/ iStockphoto; **10 (bottom, right),** Wally Eberhart/ Visuals Unlimited/ Getty Images; **11 (top, left),** Eye Ubiquitous/ Rex USA; **11 (top, center),** Paul Seheult/ Eye Ubiquitous/ Alamy; **11 (top, right),** Marli Miller/ Visuals Unlimited/ Corbis; **11 (center),** Jason Tharp; **11 (background),** Duncan Walter/ iStockphoto; **11 (bottom, above),** kkymek/ Shutterstock; **11 (bottom),** Jeff Daly/ Visuals Unlimited/ Getty Images; **12 (top),** Bryan Busovicki/ Shutterstock; **12 (left),** Jason Tharp; **12 (right),** Kenneth V. Pilon/ Shutterstock; **13,** Lori Epstein/ NationalGeographicStock.com; **13 (bottom, right),** sculpies/ Shutterstock; **14,** Zoran Vukmanov Simokov/ Shutterstock; **14 (inset),** Susan S. Carroll/ Shutterstock; **15, (bottom, left),** Sandro Vannini/ Corbis; **15 (bottom, center),** Myotis/ Shutterstock; **15 (center),** O. Louis Mazzatenta/ NationalGeographicStock.com; **15 (top, right),** Cary Wolinsky/ NationalGeographicStock.com; **15 (far right),** page 15 far right: (c) Andrey Savelyev/ 123RF.com; **16 (left),** James P. Blair/ NationalGeographicStock.com; **16 (right),** Margaret M. Stewart/ Shutterstock; **17 (top, left),** leolintang/ Shutterstock; **17 (bottom, left),** Gina Sanders/ Shutterstock; **17 (top, right),** Jason Tharp; **17 (center, right),** David W. Hughes/ Shutterstock; **17 (bottom, right),** Denis Selivanov/ Shutterstock; **18-19,** Rick Shupper/ Ambient Images/ Photolibrary; **20-21,** Pete Orelup/ Flickr/ Getty Images; **22 (top, left),** Bettmann/ Corbis; **22 (bottom, left),** Visuals Unlimited/ Corbis; **22 (right, all),** Visuals Unlimited/ Getty Images; **23 (top),** Carsten Peter/ NationalGeographicStock.com; **23 (bottom, right),** J. Helgason/ Shutterstock; **24 (top),** Ralph Lee Hopkins/ NationalGeographicStock.com; **24 (bottom),** Gary Hincks/ Photo Researchers, Inc.; **25 (left)** top to bottom: Visuals Unlimited/ Corbis; Dirk Wiersma/ Photo Researchers, Inc.; Doug Martin/ Photo Researchers, Inc.; DEA/ C.Dani/ Getty Images; **25 (right),** Roger Harris/ Photo Researchers, Inc.; **26 (left),** Chee-Onn Leong/ Shutterstock; **26 (right)** top to bottom: Michal Baranski/ Shutterstock; Wally Everhart/ Visuals Unlimited/ Corbis; Theodore Clutter/ Photo Researchers, Inc.; Terry Davis/ Shutterstock; Charles D. Winters/ Photo Researchers, Inc.; **27,** Leene/ Shutterstock; **28,** Gary Hincks/ Photo Researchers, Inc.; **29 (top and bottom),** Gary Hincks/ Photo Researchers, Inc.; **29 (right),** Jason Tharp; **30 (top, left),** Panoramic Stock Images/ NationalGeographicStock.com; **30 (top, right),** Jim Richardson/ NationalGeographicStock.com; **30 (center, left),** Ted Clutter/ Photo Researchers, Inc.; **30 (bottom, left),** Jim Lopes/ Shutterstock; **30 (bottom, center),** Charles D. Winters/ Photo Researchers, Inc.; **30 (bottom, right),** Andreas Strauss/ Look/ Getty Images; **31 (top, left),** Scenics & Science/ Alamy; **31 (top, right),** Mark A. Schneider/ Photo Researchers, Inc.; **31 (center, left),** Visuals Unlimited/ Corbis; **31 (center, right),** Carsten Peter/ NationalGeographicStock.com; **31 (bottom, left),** Goran Bogicevic/ Shutterstock; **31 (bottom, center, above),** Dirk Wiersma/ Photo Researchers, Inc.; **31 (bottom, center, below),** Arturo Limon/ Shutterstock; **31 (bottom, right),** PHOTO 24/ Getty Images; **32-33,** Steve Taylor/ Stone/ Getty Images; **34 (left),** Gary Cook, Inc./ Visuals Unlimited/ Corbis; **34 (top, right),** CLM/ Shutterstock; **34 (center, right),** Scenics & Science/ Alamy; **34 (bottom, right),** Visuals Unlimited/ Corbis; **35,** Visuals Unlimited/ Corbis; **36,** clockwise from top left: Nikolai Pozdeev/ Shutterstock; Martin Novak/ Shutterstock; Bakalusha/ Shutterstock; Yashuhide Fumoto/ Photodisc/ Getty Images; Madeleine Openshaw/ Shutterstock; DEA/ G.Cigolini/ Getty Images; Vinicius Tupinamba/ Shutterstock; **37 (left),** Charles D. Winters/ Photo Researchers, Inc.; **37 (top, right),** Buquet Christophe/ Shutterstock; **37 (center, right),** Pablo Romero/ Shutterstock; **37 (bottom, right),** Corbin17/ Alamy; **38,** Charles D. Winters/ Photo Researchers, Inc.; **39 (left)** top to bottom: Naturaldigital/ Shutterstock; Serg64/ Shutterstock; Travis Manley/ Shutterstock; Ivan Montero Martinez/ Shutterstock; Vladimir Wrangel/ Shutterstock; Aaron Amat/ Shutterstock; **39 (top, right),** South12th Photography/ Shutterstock; **39 (bottom, right),** Manamana/ Shutterstock; **40 (top, both),** Mark A. Schneider/ Photo Researchers, Inc.; **40 (bottom)** left to right: funkypoodle/ Shutterstock; HomeStudio/ Shutterstock; Carol & Mike Werner/ Index Stock Imagery/ Photolibrary; Shootz Photography/ Shutterstock; Maria Jeffs/ iStockphoto; Michal Strzelecki/ iStockphoto; **41 (left),** Visuals Unlimited/ Getty Images; **41 (right),** Jason Tharp; **42 (top),** Vitaly Raduntsev/ Shutterstock; **42 (bottom),** Katia/ Shutterstock; **43 (top, far left),** Ken Lucas/ Visuals Unlimited/ Corbis; **43 (top, center left),** David Burrows/ Shutterstock; **43 (top, center),** Buhantsov Alexey/ Shutterstock; **43 (top, far right),** Jill Battaglia/ Shutterstock; **43 (center, far left),** DEA/ A.Rizzi/ Getty Images; **43 (center, center left),** Joe Gough/ Shutterstock; **43 (center, center right),** Borislav Dopudja/ Alamy; **43 (center, far right),** cardiae/ Shutterstock; **43 (bottom, far left),** Eastimages/ Shutterstock; **43 (bottom, center left),** Eduard Steimakh/ Shutterstock; **43 (bottom, center right),** Luisa Puccini/ Shutterstock; **43 (bottom, far right),** Mudassar Ahmed Dar/ Shutterstock; **44-45,** Bildagentur RM/ Tips Italia/ Photolibrary; **46,** Mark Schneider/ Visuals Unlimited/ Corbis; **47 (top)** left to right: Dzarek/ Shutterstock; John Madden/ iStockphoto; Leonard Lessin/ Peter Arnold Images/ Photolibrary; Danny Smythe/ Shutterstock; Trinacria Photo/ Shutterstock; Smit/ Shutterstock; **47 (bottom, left),** Kevin Schafer/ Peter Arnold Images/ Alamy; **47 (bottom, right),** Dai Haruki/ Flickr/ Getty Images; **48 (left),** Dirk Wiersma/ Photo Researchers, Inc.; **48 (right),** George Allen Penton/ Shutterstock; **49** Antonio V. Oquias/ Shutterstock; **50 (left, all),** JewelryStock/ Alamy; **50 (A),** Manamana/ Shutterstock; **50 (B),** Jens Mayer/ Shutterstock; **50 (G),** PjrStudio/ Alamy; **50 (H),** E.R. Degginger/ Photo Researchers, Inc.; **51 (top),** Palani Mohan/ Getty Images; **51 (top, inset),** Amritaphotos/ Alamy; **51 (C),** Alexander Maksimov/ Shutterstock; **51 (D),** Biophoto Assoc./ Photo Researchers, Inc.; **51 (E),** DEA/ C. Bevilacqua/ Getty Images; **51 (F),** DEA/ A.Rizzi/ Getty Images; **51 (I),** DEA/ C. Bevilacqua/ Getty Images; **51 (J),** DEA/ Getty Images; **51 (K),** Suponev Vladimir/ Shutterstock; **51 (L),** Mark A. Schneider/ Photo Researchers, Inc.; **52 (top, left),** Scientifica/ Visuals Unlimited/ Getty Images; **52 (center, left),** Albert Lleal/ Minden Pictures/ NationalGeographicStock.com; **52 (bottom)** left to right: Dr. Margorius/ Shutterstock; ra3rn/ Shutterstock; Daniel Dillon/ Alamy; Mark Herreid/ Shutterstock; Mudassar Ahmed Dar/ Shutterstock; Steve Collender/ Shutterstock; **53 (top),** Matthias Breiter/ Minden Pictures/ NationalGeographicStock.com; **53 (bottom),** Fotosearch/ SuperStock; **55,** Carsten Peter/ Speleoresearch & Films/ NationalGeographicStock.com; **56 (bottom),** Pete Ryan/ NationalGeographicStock.com; **57,** Régis Bossu/ Sygma/ Corbis; **58-59,** Art Wolfe/ artwolfe.com; **60,** Carsten Peter/ NationalGeographicStock.com; **63,** Jason Tarp

지은이 **스티브 토메섹**
암석을 연구하는 지질학자이자 과학 교육 전문가이다. 암석에 대한 책을 50권 가까이 썼으며, 웹사이트를 운영하여 암석과 광물에 관한 사람들의 궁금증을 해결해 준다.

지은이 **카스틴 피터**
내셔널지오그래픽의 사진 기자로 일하며, 사람이 가기 힘든 아찔한 현장에서 특별한 사진을 찍는 일에 매력을 느낀다. 소름 끼치는 독가스 동굴과 산성 폭포, 용암이 흐르는 화산을 탐험하기도 했다.

옮긴이 **이강환**
서울대학교 천문학과를 졸업한 뒤 같은 대학원에서 천문학 박사 학위를 받았다. 영국 켄트대학에서 로열 소사이어티 펠로우로 연구했다. 국립과천과학관 연구관, 서대문자연사박물관 관장, 과학기술정보통신부 장관정책보좌관을 역임했고, 사람들에게 과학을 알리는 일을 하고 있다. 지은 책으로 『우주의 끝을 찾아서』, 『빅뱅의 메아리』, 『응답하라 외계생명체』가 있고, 옮긴 책으로 「신기한 스쿨버스」 시리즈, 『우리는 모두 외계인이다』, 『더 위험한 과학책』, 『기발한 천체물리』 등이 있다.

감수 **윤성효**
부산대학교 사범대학에서 과학교육(지구과학), 부산대학교 대학원과 일본 큐슈대학에서 화산학을 공부하고, 부산대학교 사범대학 지구과학교육과 교수로 재직 중이다. 부산대학교 사범대학장, 한국암석학회장, 한국화산방재학회장, (사)제주화산연구소장을 역임하였고 현재 화산특화연구센터장을 맡고 있으며, 대한민국을 대표하는 화산학자로 백두산 화산을 연구하고 있다. 『자연재해와 방제』, 『백두산 대폭발의 날』, 『지질학 용어의 뿌리』, 『인간과 자연재해』 등 여러 책을 지었다.

1판 1쇄 펴냄 - 2021년 11월 5일, 1판 4쇄 펴냄 - 2025년 7월 14일
지은이 스티브 토메섹, 카스틴 피터 옮긴이 이강환 감수 윤성효 펴낸이 박상희 편집장 전지선 편집 이요선, 이혜진 디자인 신지아, 신현수, 시다현
펴낸곳 (주)비룡소 출판등록 1994. 3. 17.(제16-849호) 주소 06027 서울시 강남구 도산대로1길 62 강남출판문화센터 4층 홈페이지 www.bir.co.kr
전화 02)515-2000 팩스 02)515-2007 제품명 어린이용 각양장 도서 제조자명 (주)비룡소 제조국명 대한민국 사용연령 3세 이상

NATIONAL GEOGRAPHIC KIDS EVERYTHING : ROCKS AND MINERALS
Copyright © 2011 National Geographic Partners, LLC.
Korean Edition Copyright © 2021 National Geographic Partners, LLC.
All rights reserved.
NATIONAL GEOGRAPHIC and Yellow Border Design are trademarks of the National Geographic Society, used under license.
이 책의 한국어판 저작권은 National Geographic Partners, LLC.에 있으며, (주)비룡소에서 번역하여 출간하였습니다.
저작권법에 의해 한국 내에서 보호를 받는 저작물이므로 무단 전재와 무단 복제를 금합니다.
ISBN 978-89-491-3219-8 74400 / ISBN 978-89-491-3210-5 (세트)

*뒤표지의 초등 3~4학년 과학 교과 단원은 출판사마다 순번이 달라 번호를 표기하지 않았습니다.